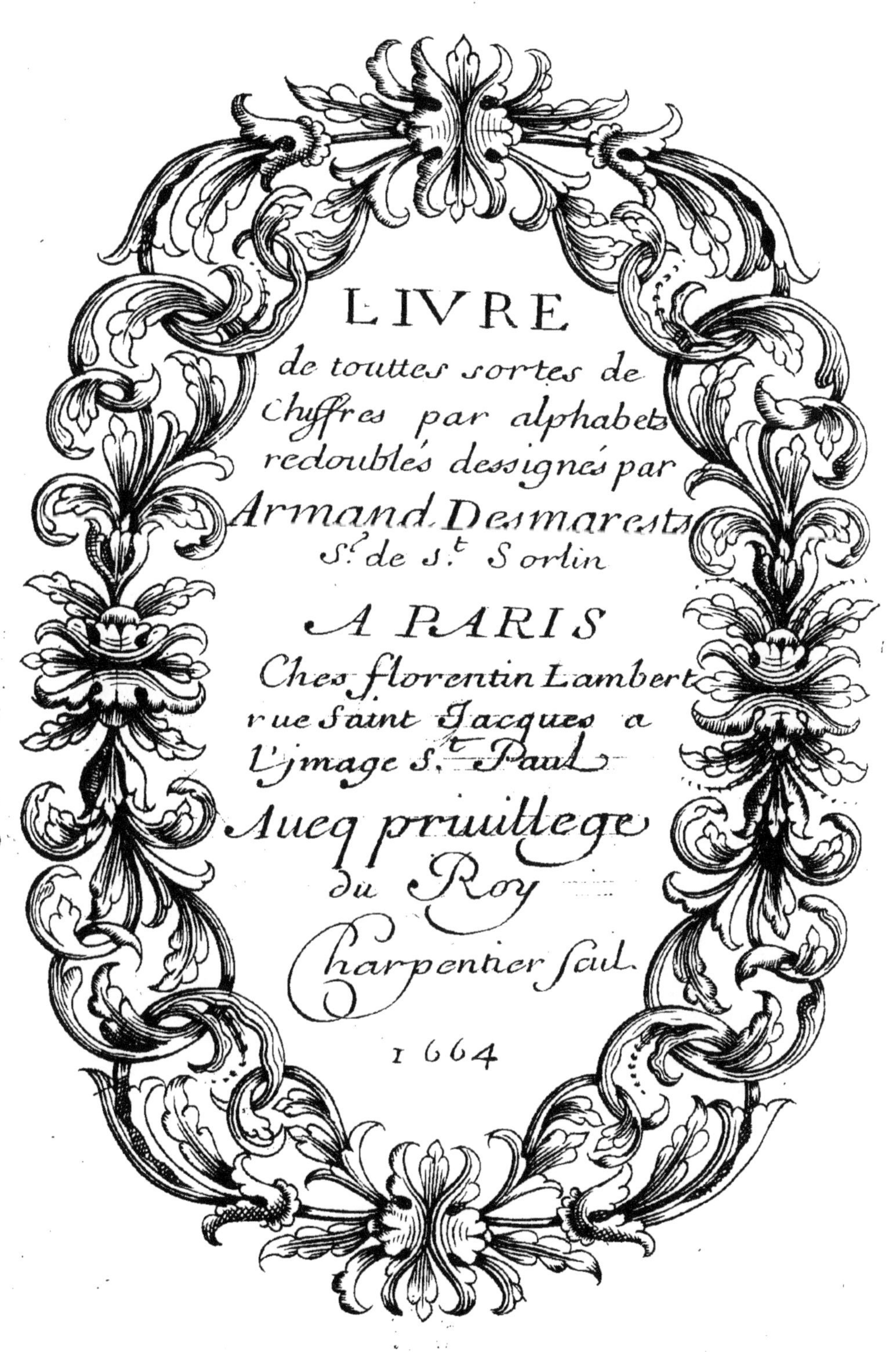

LIVRE

de touttes sortes de Chiffres par alphabets redoublés dessignés par Armand Desmarests S.r de S.t Sorlin

A PARIS

Ches florentin Lambert rue Saint Jacques a l'ymage S.t Paul

Aueq priuillege du Roy

Charpentier scul.

1664

Extraict du priuilege du Roy.

Par grace et priuilege du Roy, il est permis a Florentin Lambert marchand libraire a Paris, de faire grauer, jmprimer, vendre, et debiter, vn liure jntitullé, Liure de touttes sortes de Chiffres, par alphabets redoublés, dessignés par Armand Des Marests s.r de S.t sorlin, aueq deffances a tous jmprimeurs, Librairs, Graueurs, et autres personnes de quelque qualité et condition quils soient, djmprimer ou fes jmprimer ledit liure, soubs quelqu. pretexte que ce soit, sans le consentement dudit Lambert, a peine de mil liures da=mande, et de confiscation des exemplaires contrefaits, et de tous despens, domages et jnterests, comme jlest plus au long porté par ledit priuilege, Doñé a Paris le 21. Auril l'an de grace 1664. et du regne de sa Majeste le 21.e signé, le Roy et scelle du grand Sceau.

Registré sur le liure de la communauté des jmprimeurs, et marchands libraires, de cette Ville, Suiuant l'Arrest du huit Auril 1653. a Paris ce 27 may 1664, Edme Martin Sindic; les exemplaires fournis;

O G
D G

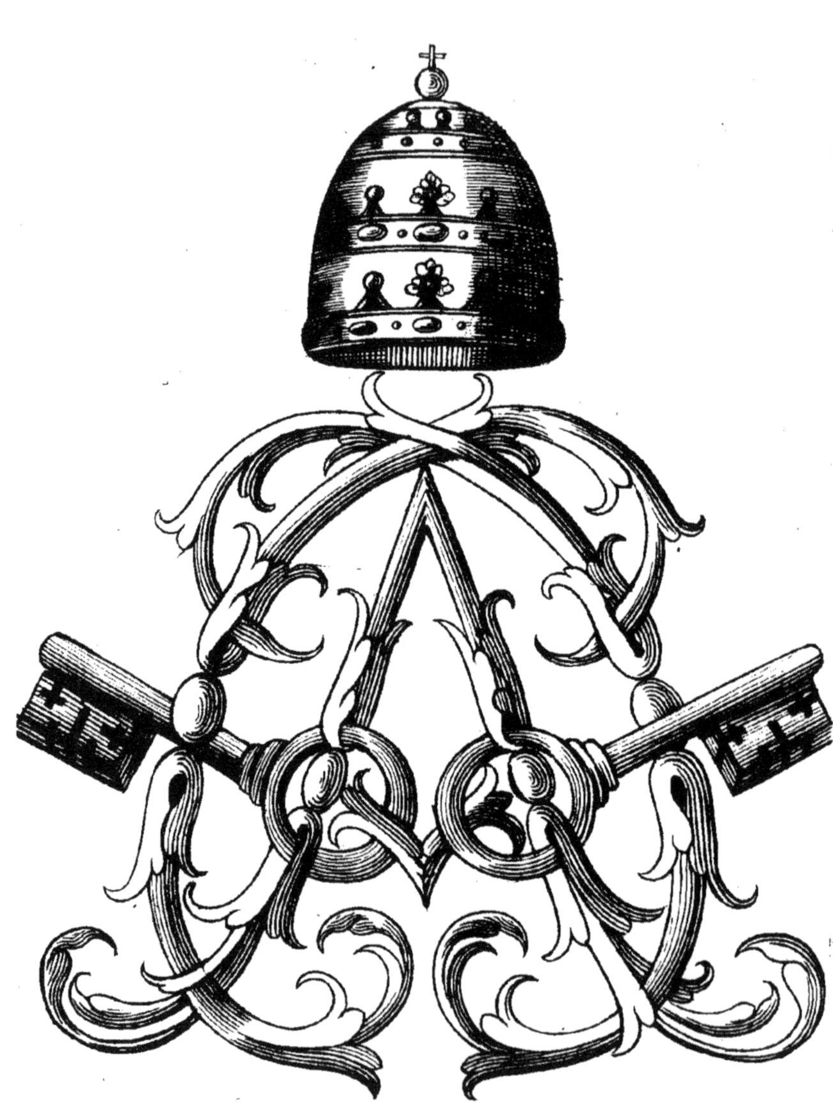

L B

J h B

AM *LD*

B A M
N E C

AM
CG
R
L
E

CS
MA
L
S
E

GY
SA
A
CE
V

I M O
M N L

L F T
DV
TM

I N Q
N E I

O R A
A D F

L E
A V C

B C P
Y C M A

A
B C
B
C
C

S
P
Q
E
R
L

I M R

L O A V
C A O

T S V
AC TE

R O A E
M L A

f
M
E
H
G
F

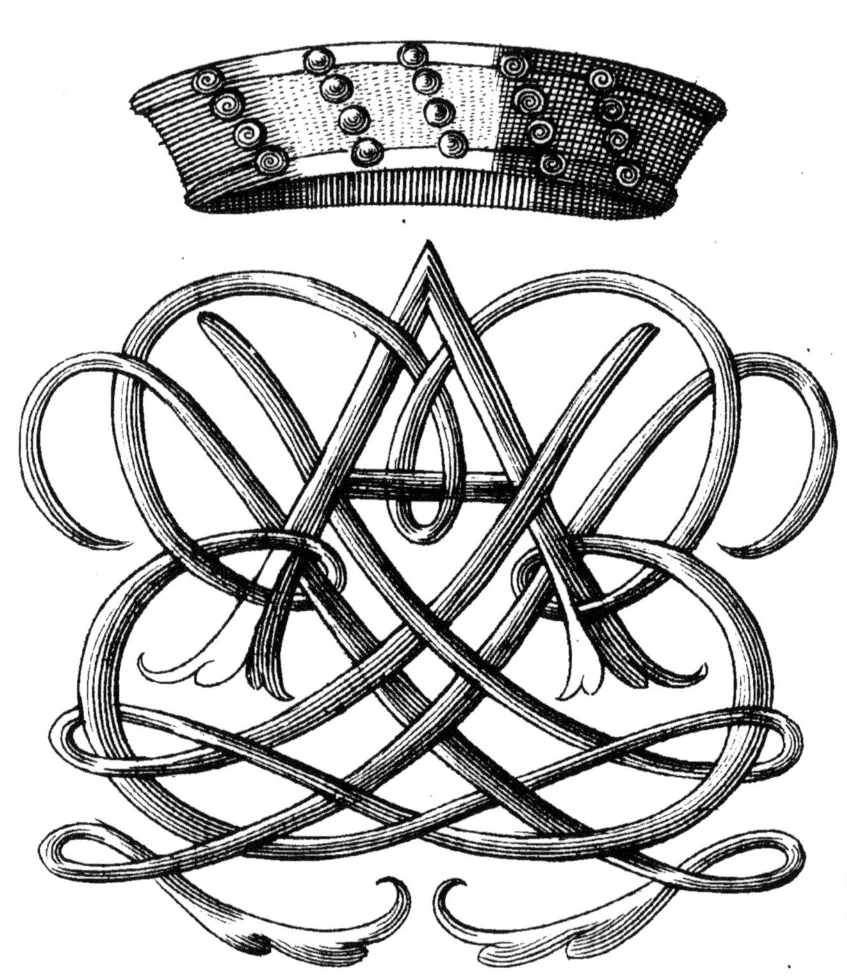

A
S C
A h
B

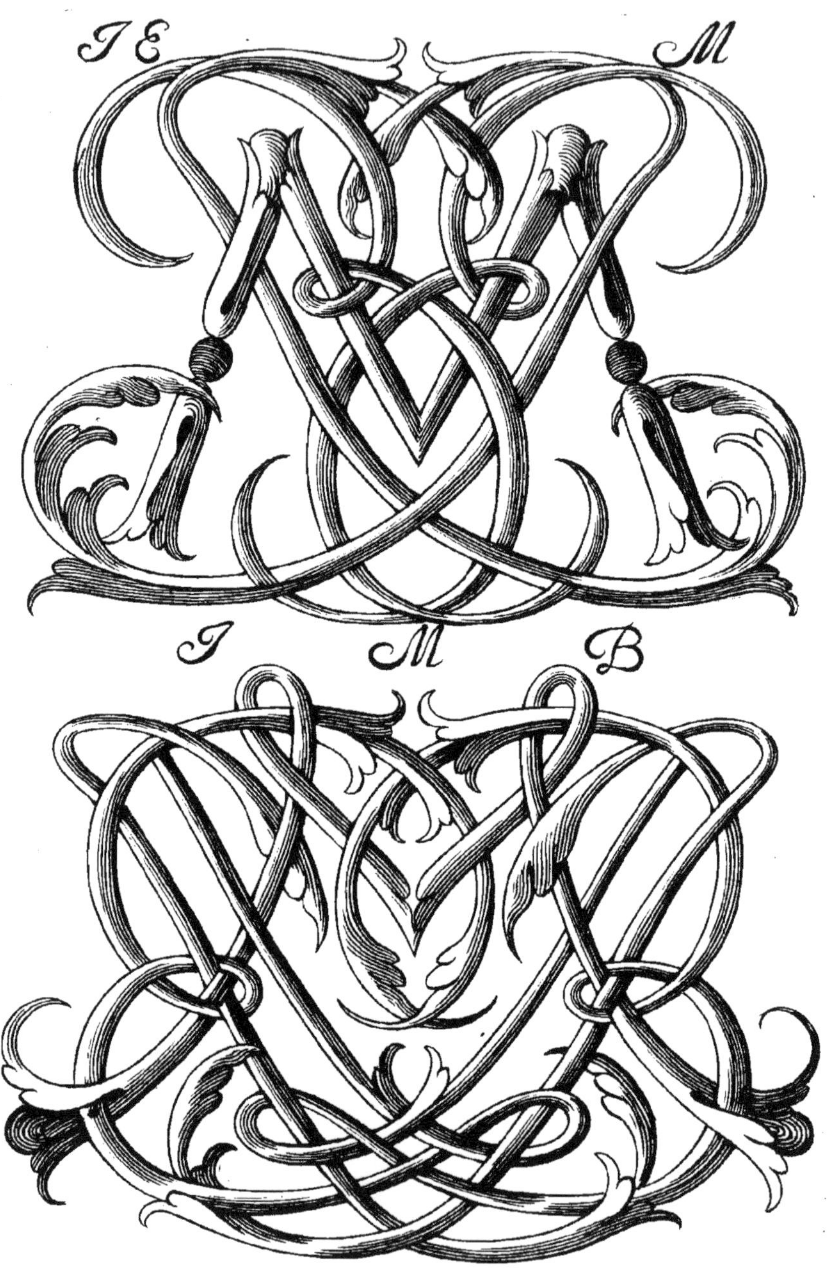
I E M
I M B

MA VF
AM EQ

AF
CD
AF
O
VH

A D P

N I A
P E A Q

M A F O
L I P

R C I
H C

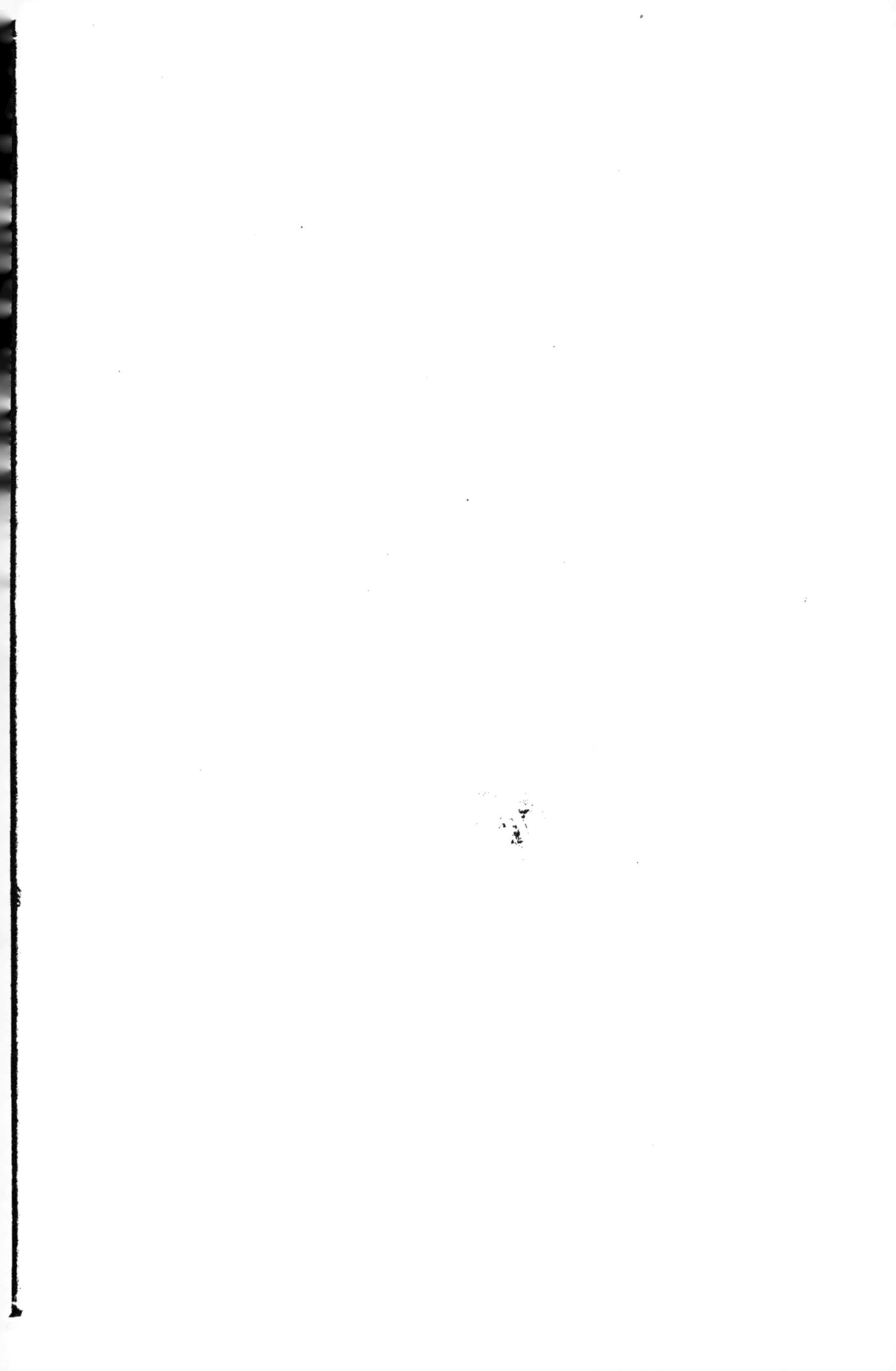

B M V
L E f

L E V
A L

E V
A
A
V

A C I
L A V

G O S
AV
SF

A B C. A B F.

A B D. A B G.

A B E. A B H.

A. B. I.

A. B. N.

A. B. L.

A. B. O.

A. B. M.

A. B. P.

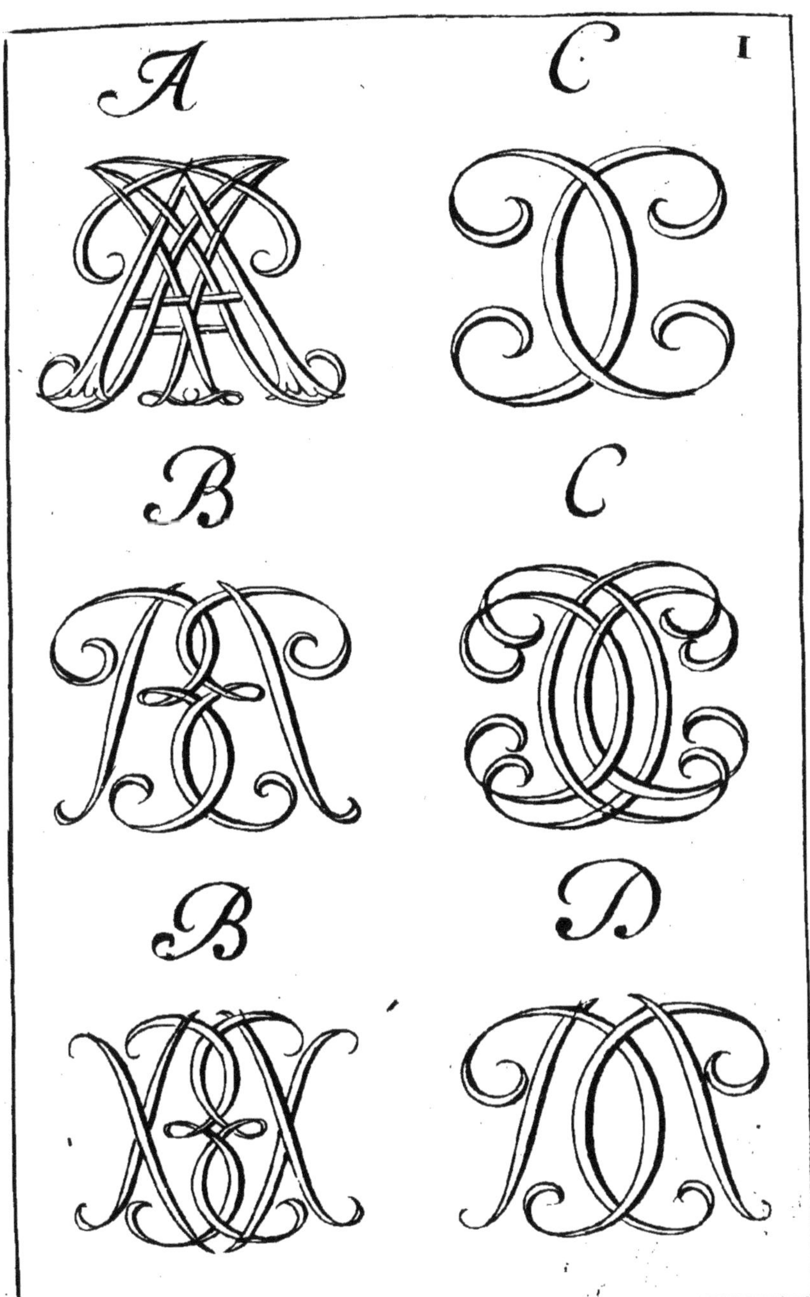

I
A
C
B
C
B
D

2
D
F
E
F
E
L

H
I
3
K
L
I
L

M
L
4
N
P
O
Q

R
S
R
T
S
V

6
X
Y
X
Z
Y
Z

A B

A D

A C

A E

A C

A F

A F

A I

A G

A I

A H

A L

A M
A L
A N
A P
A O
A Q

A R

A T

A S

A V

A S

A V

A X
A Z
A X
A Z
A Y
B C

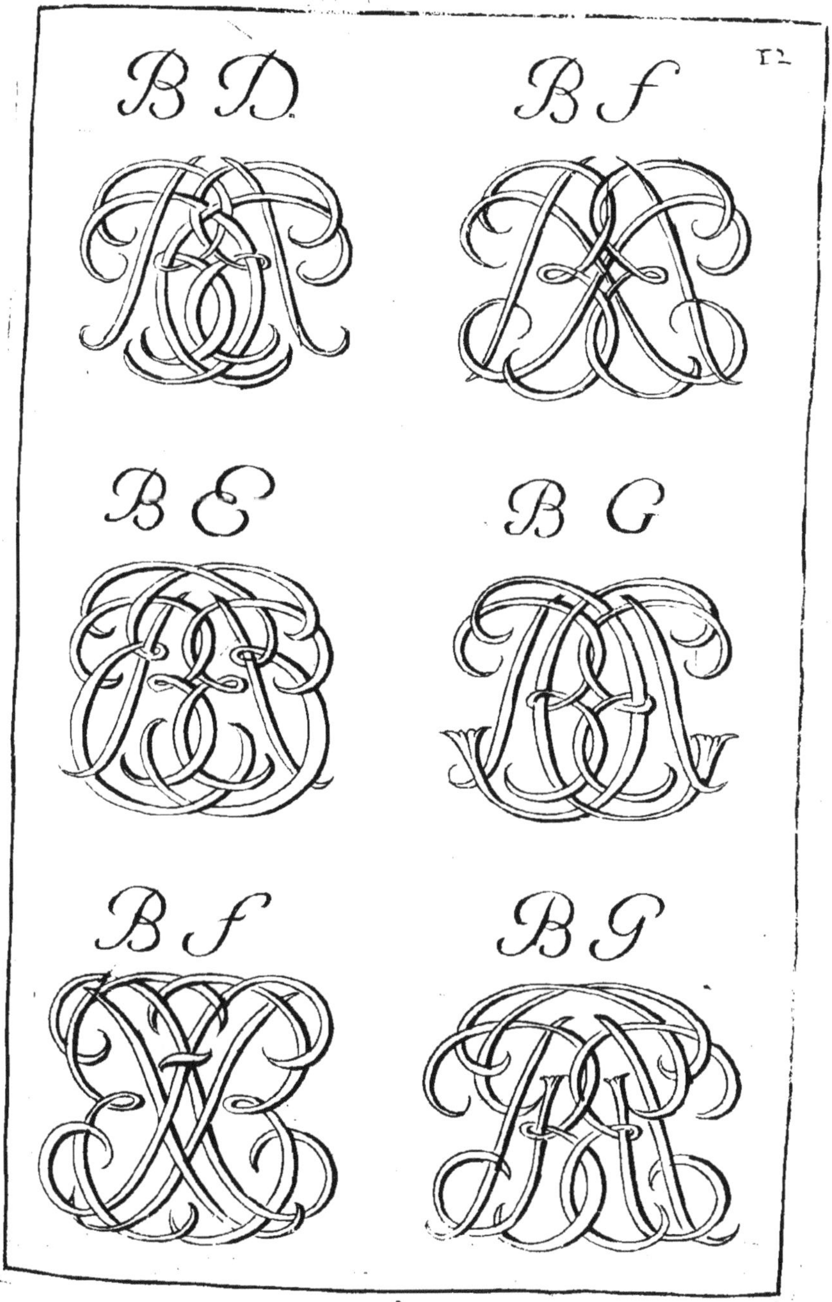

B D

B F

B E

B G

B F

B G

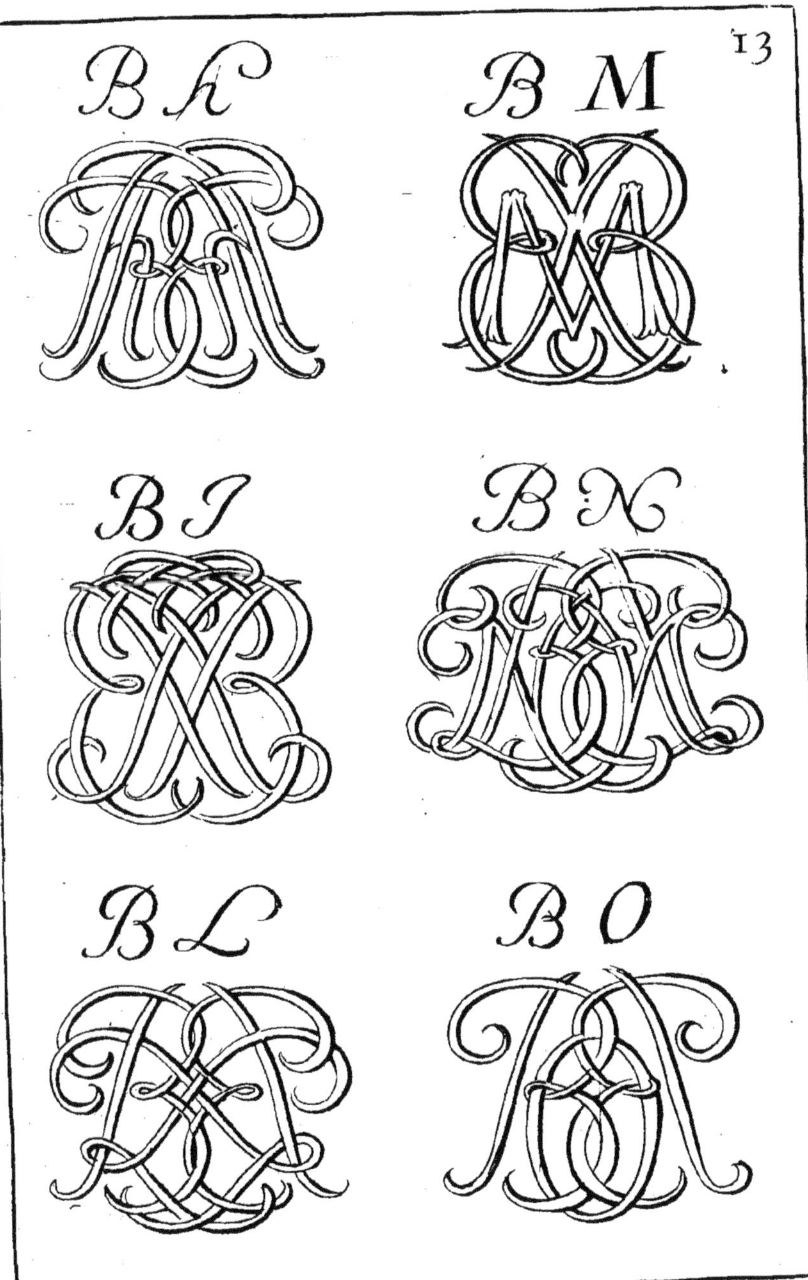
B K
B M
B I
B N
B L
B O

B.P. B.S.

B. C.  B.T.

B.R.  B.V.

B. X. C. D.

B. Y.  C. E.

B. Z.  C. F.

C G
C.L.
C.h.
C.M.
C.I.
C.N.

C O
C R
C P
C S
C Q
C T

18
C V
C Y
C V
C Z
C X
D E

DF
DI
DG
DL
DH
DM

D.N.

D.Q.

D.O.

D.R.

D.P.

D.S.

D.T. D.Y.

D.V. D.Z.

D.X. E.F.

EI
EL
EK
EM
EI
EN

EO
ER
EP
ES
EQ
ET

EV
EY
EV
EZ
EX
FG

f K
f L
f I
f L
f I
f M

F. N. F. P.

F. O.  F. Q.

F. P.  F. R.

f S
f V
f T
f V
f T
f V

28
f X
f Z
f X
f Z
f Y
g h

L I
G N
G L
G O
G M
G P

G.Q.

L.T.

G.R.

G.V.

G.S.

G.X.

G.Y.
h.L.
G.Z.
h.M.
h.I.
h.N.

h. O.
h. R.
h. P.
h. S.
h. Q.
h. T.

H. V.

h. Z.

h. X.

I. L.

h. Y.

I. L.

J. M.

J. L.

J. N.

J. P.

J. O.

J. Q.

J. R.
J. T.
J. S.
J. V.
J. S.
J. V.

I. X.

L. M.

I. Y.

L. N.

I. Z.

L. O.

L. P. L. S.

L. Q. L. T.

L. R. L. V.

L. V.

L. Z.

L. X.

M. N.

L. Y.

M. O.

M.O.

M.R.

M.P.

M.S.

M.Q.

M.T.

40

M.V.

M.Y.

M.X.

M.Z.

M.X.

M.Z.

N.O. N.R.

N.P.  N.S.

N.Q.  N.T.

N.V.

N.Z.

N.X.

O.P.

N.Y.

O.Q.

O.R. O.Q.

O.S.

O.T. O.X.

O. Y.
P. R.
O. Z.
P. S.
P. Q.
P. T.

P. V.
P. Z.
P. X.
Q. R.
P. Y.
Q. S.

Q. T.
Q. Y.
Q. V.
Q. Z.
Q. X.
R. S.

R. T.

R. Y.

R. V.

R. Z.

R. X.

S. T.

S.T.
S.X.
S.V.
S.X.
S.V.
S.Y.

S. Z. T. Y.

T. V. T. Z.

T. X. V. X.

V.Y.

X.Y.

V.Z.

X.Z.

V.Z.

Y.Z.